La primavera

por Tanya Thayer

Mi primer paso al mundo real

ediciones Lerner · Minneapolis

Es primavera.

Hace más calor.

Los días son más y
más largos.

Aparecen los primeros **brotes.**

Las aves regresan.

Cae la lluvia.

Sale el sol.

Los niños plantan semillas.

Las flores **florecen.**

Las abejas zumban.

Las aves hacen sus **nidos.**

Los **pichones** salen
del huevo.

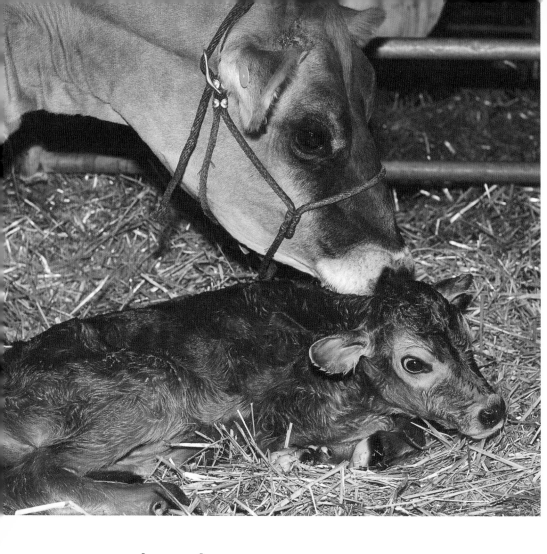

Los terneros nacen.

Las ovejas juegan.

El **viento** sopla.

Ya se acerca el verano.

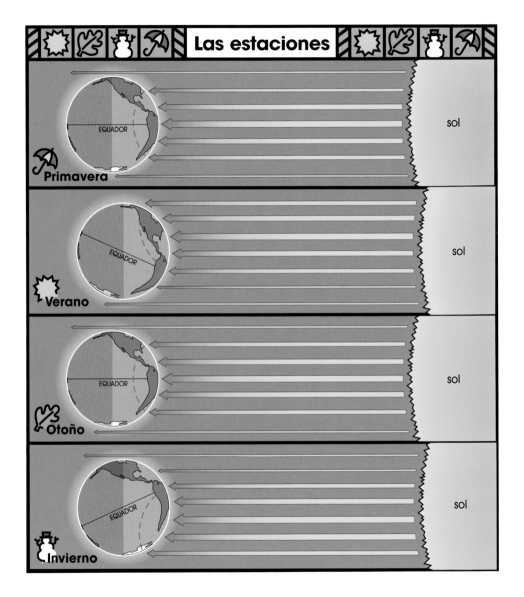

Primavera

sol

Verano

sol

Otoño

sol

Invierno

sol

Las estaciones

La Tierra gira alrededor del Sol y recibe su luz. Cuando el sol pega más sobre la mitad de la Tierra, es primavera en los Estados Unidos.

Hay más luz del sol en primavera que en invierno. Además, los días son más largos. Cuando hay más luz durante el día, hace más calor.

Datos sobre la primavera

Las aves viajan desde las partes frías del mundo hacia las cálidas. Este viaje se llama "migración". En las partes más cálidas del mundo hay más alimentos que en las frías. Las aves migran durante la primavera.

Algunos animales nacen o salen del huevo en primavera. Es más fácil para los animales adultos encontrar comida para sus crías en primavera.

La lluvia de primavera ayuda a que las plantas nuevas y las semillas crezcan.

Cuando una abeja se posa sobre una flor, un polvo amarillo llamado "polen" se pega en sus patas. Al posarse en otra flor, el polen cae de las patas de la abeja, y entonces esta segunda flor está lista para producir semillas y frutos.

Si los brotes sufren un frío intenso en la primavera, se congelarán, y las hojas y las flores ya no podrán crecer.

Glosario

 brotes: la parte de una planta de la que nace una flor

 florecer: cuando se abre una flor

 nidos: un lugar en donde viven protegidos los pichones

 pichones: crías de las aves

 viento: un movimiento natural del aire

Índice

animales que crecen: 13, 14, 15

aves: 6, 7, 12, 13

brotes: 5

crías: 13, 14, 15

flores: 10, 11

ropa: 3

semillas: 9

tiempo: 3, 7, 8, 16

Las fotografías presentes en este libro se reproducen por cortesía de: Independent Picture Service,
portada, págs. 10, 22 (segunda); © Eugene Schulz, págs. 2, 6; © Dennis Degnan/Corbis, pág. 3;
© Stuart Westmoreland/CORBIS, pág. 4; © Eric and David Hosking/Corbis, págs. 5, 22
(primera); © Kjell B. Sandued/Visuals Unlimited, pág. 7; © Stephen Graham Photography,
pág. 8; © Lynda Richardson/Corbis, pág. 9; © Gerald and Buff Corsi/Focus on Nature, Inc.,
pág. 11; © Richard Jacobs/Root Resources, págs. 12, 22 (cuarta); © E. McLaury, págs. 13, 22
(tercera); © Corbis, pág. 14; Departamento de Agricultura de los Estados Unidos, pág. 15;
© Faith Bowlus/Photo Network, págs. 16, 22 (quinta); © Stockbyte, pág. 17.

La edición en español fue realizada por un equipo de traductores nativos de español de
translations.com, empresa mundial dedicada a la traducción.

ediciones Lerner
Una división de Lerner Publishing Group
241 First Avenue North
Minneapolis, MN 55401 EUA

Dirección de Internet: www.lernerbooks.com

Library of Congress Cataloging-in-Publication Data

Thayer, Tanya.
    [Spring. Spanish]
    La primavera / por Tanya Thayer.
       p.   cm. — (Mi primer paso al mundo real. Las estaciones del año)
    Includes index.
    ISBN-13: 978–0–8225–3165–4 (lib. bdg. : alk. paper)
    ISBN-10: 0–8225–3165–8 (lib. bdg. : alk. paper
    1. Spring—Juvenile literature. [1. Spring.] I. Title.
QB637.5.T4418 2006
508.2—dc22   2005007202

Fabricado en los Estados Unidos de América
1 2 3 4 5 6 – DP – 11 10 09 08 07 06